Virginia Miller

Aufs Töpfchen!

Deutsch von Rolf Inhauser

2. Auflage 1997

(Titel der englischen Originalausgabe: *On Your Potty*)

First published by Walker Books Ltd., London

Printed in Hong Kong

ISBN 3-7941-3377-3
Bestellnummer 01 03377

Die Deutsche Bibliothek – CIP-Einheitsaufnahme

Miller, Virginia:
Aufs Töpfchen! / Virginia Miller. Dt. von Rolf Inhauser.
– 2. Aufl. – Aarau ; Frankfurt am Main ; Salzburg : Sauerländer, 1997
ISBN 3-7941-3377-3

Virginia Miller

AUFS TÖPFCHEN!

Verlag Sauerländer
Aarau • Frankfurt am Main • Salzburg

Leise tapst Vater Bär zu Babas Bett,
und sanft fragt er ihn:
«Bist du wach, Baba?»

«Nee!» sagt Baba.

Vater Bär fragt:
«Brauchst du deinen Topf, Baba?»

«Nee!» sagt Baba.

«Nee,

nee,

nee, nee, NEE!» sagt Baba.

« Auf den

Topf! »

sagt Vater Bär
ganz laut.

Baba setzt sich
auf den Topf.

Er versucht es . . .

und versucht es . . .

aber nichts kommt.

«Nee», sagt Baba
ganz leise.

«Macht nichts», sagt Vater Bär sanft.
«Geh jetzt spielen, aber geh nicht zu weit.»

«Nee!» sagt Baba und geht.

Plötzlich denkt Baba:
Auf den Topf !

Er rennt . . .

und rennt . . .

so schnell er kann . . .

und erreicht sein Töpfchen . . .

gerade noch rechtzeitig.

Stolz tapst Baba zu Vater Bär,
und der nimmt ihn in seine großen Arme.